JN440914

즐거운
착각

즐거운 착각

이근영 최종녀 허 훈 손진홍 이혜영 성효순 이우창

문학공원

오래도록 남는 언어

‘쓰고 지우는 고행의 연속이 결코 시럽처럼 달콤하지만은 않겠지만’으로 2020년 첫 동인 시집 『백여시들 수다를 떨고』 에 있는 그 말처럼 언어와의 놀기가 달콤하지만은 않습니다.

그래도 넘어지고 깨지고 다시 일어서기를 반복하면서 두 번째 동인 시집 『너무 가까이 서 있지 마세요』를(2023년) 출판합니다.

달콤한 언어 놀이에 가깝게 다가서며 세 번째 동인 시집 『천 번 부리질』을(2024) 만든 포시럽입니다.

시를 사랑하는 마음으로 시작되어 어느덧 십 년의 시간이 지나고 있습니다.

이제 포근하고 부드럽지만 때로는 날카로운 언어로, 읽어내는 사람들 가슴에 오래도록 기억되는 이야기를 네 번째 동인 시집 『즐거운 착각』 에 담았습니다.

아직도 넘어진 곳에 붙여진 반창고가 남아 있지만, 네 살을 먹었으니 넘어짐도 깨짐도 줄어들지 않겠는지요.

여기까지 올 수 있게 채찍을 아끼지 않으신 서범석 교수님께 온 마음 다해 감사드립니다. 아울러 물이 많아 물골이라 일컫던 이곳 포천에 마르지 않고 샘솟는 詩語의 중심에 포시럽이 있겠습니다.

2025년 5월

〈포시럽〉 동인

차례

■ 이 근 영

■ 최 종 녀

■ 허 훈

■ 손 진 홍

■ 이 혜 영

■ 성 효 순

■ 이 우 창

이 근 영

2021년 계간 『시현실』 신인상에 「도봉산장」외 4편이 당선되어 등단.
시집 『화살나무』 (시학, 2023)

이 근 영

천축사 가는 길

등산용 스틱의 촉이 위험하게 삐져나온 배낭을 멘 사람들 건널목 신호에 걸려 시간을 앞세우고 자꾸 뒤를 돌아본다 천축사 가는 길은 골목부터 시작하지 건널목을 지나 몇 개의 계단을 오르면 산 곰장어 배를 가르는 가게 앞의 어항에는 살아 있는 물고기들이 꼬리를 흔들어 안녕을 기원한다 호객하는 소리가 어우러져 물방울이 튀어 오르고 골목 입구 지하철 1호선 연천 가는 전동차는 느리게 걷는 사람들의 등을 바라본다

안전 산행하십시오

어떤 이는 자운봉을 바라보고 어떤 이는 도봉산역 건너편 골목길 목로주점을 바라보고 어떤 이는 알록달록한 배낭 뒤를 바라보고 서로 다른 길로 가는 사람들 멧새 한 마리 나뭇가지에 투명한 집을 짓고 하늘 위에서 날개를 편다 물살이 간지럽히는 바위에는 이끼가 끼고 등산화 끝을 간질거리는 젖은 모래 오래된 기억 속에는 산꼭대기에서 큰 바위 하나가 굴러와서 길을 막는다

길이 없는 곳에는 들어가지 마시오

물병을 든 손이 떨리는 한낮을 따라서 느릿한 걸음으로 생각을 앞세우는 사람 지친 날들이 황급히 물을 따라 강으로 가고 피곤한 안경을 깨워 휴대전화 속 햇살이 걸려 있는 산허리를 찾아본다 소나무와 바위 사이에 참나무가 어우르고 그 틈에서 계절의 새순이 싹트고 있다 길 없는 길에는 불타는 집이 있고 천축사는 도봉산장을 지나 물이 쏟아지는 절벽 위에 문도 없이 숨어 있다

천축 가는 길

점막

밤의 벽에 기대어 안온할 수 있을까
누군가의 온도라도 느낄 수 있다면
어둠으로 빨려 들어가는 긴장하는 등뼈
바람이 빠진 듯한 거리에는 빗줄기에 멍이 든 간판들이
가지처럼 나란히 열리는 중이다

이것을 먹어도 입이 보랏빛이 되지는 않아
제 안의 다른 색을 품고 기다리는 혀의 뿌리

오늘은 타이레놀 포장지를 뜯으며
가장 긴 손톱 밑에 숨고 싶어

글자가 지워진 스티커 아래에 버려진
비강 속의 점막에 붙어사는 습관은 짐승의 냄새를 맡는다
뿌리까지 함께 젖어가고 팔을 벌려 서로를 향해 다가서고
서로 투명해지는 입술을 가진 가로수

커튼 밖이 밝아졌다
깊숙이 그어버린 상처도 밝아졌다

털이 뭉그러진 개가 몸을 흔들어 빗물을 털어내자 휘어지는 빛의 각도
빈 곳이 늘어난 뼈마다 물렁물렁한 고통이 들어찬다
밟혀 부서지는 어둠이 거리를 향해 짖었다

기억의 심장

너는 나를 지나 네가 아닌 자리에 있다

날개와 활주로를 찍은 사진을 보낸 후 굳은 얼굴로 바다에 떠 있다 방금 바다에서 건져낸 너의 이름이 축축한 별이 되고 슬픈 말들을 숨긴 채 안전띠 표시등을 켠다 너는 긴장된 혀로 하늘의 관제탑과 교신을 주고받는다

비행장에 얼씬거리는 새들은 총에 맞아 죽는대

기억이 자라고
구름 속을 지나면서 흘러나오는 노래를 따라 부른다
오랜 시간 눈에서 눈을 오가면 전하던 푸르던 말들
만질 수 없는 맹세들
차가운 찻잔이거나 너무 진하지 않은 향기이거나

하늘을 닮은 너의 바다에서는 인어공주가 짙푸르게 살고 있다 어두운 곳에서도 유유히 헤엄을 치며 다니다가 난류와 한류가 만나는 지점에 이르러서 물거품이 되어 버린다

전설은 잘 기록된 기억
몸은 몸대로 커져 버려 심장은 한없이 고요하지도 못한 채
공기의 정령이 되어 버린

바람에 대하여
이륙의 순서에 대하여

물거품은 너무 슬프다
방금, 누군가의 심장이 허공에 붉은 시간을 흘린다

네가 울 때마다

돌끼리 싸움을 한다
거센 물결에 쓸려 오는 동안
모난 몸을 깨뜨리고
서로 닮지 않으려고 짐승처럼 비명을 지른다

물수제비를 뜨다 가라앉은 납작한 시간
하늘로
바다로
어깨를 낮추어 던졌지만 아직도 전하지 못한 말의 묶음

검은 심장 하나 빛나고
눈은 가벼워지는 무게를 재어보다가
기억하는 이야기

산에서 바다까지 이어지는 물의 소용돌이
강이 보일 때까지
바다가 보일 때까지 잠들지 못한 채
깨어지며 울었다

보이지 않는 얼굴이 물속에서 파랗게 변한다
네가 울 때마다
소란스러운 몽돌의 바다

파묘

오랫동안 닫힌 입에서는 침묵의 무게가 혀를 짓눌렀어
빛의 손이 닿지 않는 어둠 속에 남아 있어서
조명을 비추어도 울음의 그림자가 나타나지 않았어

해를 안고 아이들이 뛰어다니던 따뜻한 언덕
꽃도 피고 새도 울고 바람도 지나갔지만
스멀스멀 파헤쳐지는 겹겹이 쌓인 돌과 흙 사이

내세의 심장을 묻어두고
뼈도 살도 사라진 뒤에야

녹슨 칼 한 자루

홀로 감옥이 되어 버린 거지
길들여진 소리는 오래전에 사라지고

주인공이 사라진 무대를 바라보는 열린 동공
사랑한다고 말을 하면 그제야 눈을 떠서
거죽부터 안으로 붉게 녹슬어가는 몸통

지워져 가는 숨은 얼굴

바람이 불고 기억이 희미해져 가도록
수 겹의 생을 벗는 동안
외진 곳에 솟아있는 붉은 수숫대처럼 몸을 흔든다

누구에게는 뻔한 일이라도
한 뼘도 더 자라지 못한 약속

제이드가든

나무와 나무에 가린 나무를 자세히 보네 낯선 여자는 푸른 파도 같은 숲의 생태와 전설을 이야기하고 우리는 잠에서 깨어난 듯이 나무의 이름을 따라 부른다 서로의 관계를 알 수 없어서 부스럭거리는 나무

박쥐나무 처진개벚나무 망개나무 댕댕이나무 쉬땅나무

제 삶을 건너와 같은 길을 걷는 어색한 사람들 시간이 나뭇잎 사이로 떨어지는 것을 주워 모았지 신비로운 목소리를 가진 숲의 초록색 그늘 사람들의 말소리가 툭툭 칠 때마다 습지가 되어버리고 파충류의 피부처럼 서늘해지는 산책로

손에 쥔 것은 나무의 이름입니다

또 다른 나무들이 나타나면 새로운 전설을 신비롭게 펼쳐 놓고 느릿느릿 걷는 사람들 나무의 이름을 따라 부르다 헐거워진 거리 우리들의 대화와 걸음걸이의 간격이 흔들거리는 정원에는 제 몸속에 감추어진 명찰이 따로 마련되어 있습니다

옹이 있는 집

안개 속에서 꿩! 소리가 났다
새의 울음이 가득한 채로 열리는 숲
아침 햇볕 풍만하게 부풀어 오를 때
방문이 동쪽을 향하여 난 줄 알았어, 오늘에서야

덜 마른 나무 마루를 맨발로 디뎌 보네
나무 향기가 발바닥에 배어들지도
나이테 무늬가 새겨질지도

바싹 마른 자서전은 자꾸 자판 밖으로 벗어나고
하늘을 치대는 풍경소리
대들보에 매단 마음의 나뭇결을 자꾸 터뜨리고

아직 송진이 끈적하게 배어 나오는 옹이
덧나지 않는 상처는 자꾸 긁고 싶어져
고요가 새의 울음을 품을 때마다
온몸이 가려워지는 집

나무의 가지를 쳐내는 때

빌딩 사이에서 나무가 자라네 높은 하늘 끝까지
오르려 하네
까치가 날아와 짓무른 똥을 싸지만
온몸으로 버틴 성장점 위로 가지 끝이
보이질 않네

경고판을 세우고 기계톱 소리가 위험하게 커질수록
짙어지는 나무의 속살 냄새
여린 가지들을 쳐낼수록 더욱 굵어지고 높아지는 나무

지난여름 태풍 속에서도 온전하게 버틴 나무의 팔
신음 한 번 내지 못하고 거리에 툭 떨어져 버리네
넓고 온전한 그늘이 사라지고

마네킹이 놀란 눈을 감지 못하고 감각 잃은 손을 떨고
있네

윙윙거리는 톱날 아래 목을 움츠린 채
요리조리 똥을 피해 발을 옮기는 사람들
나무의 아랫도리를 쳐내는 때

붉은 등이 번쩍이는 청소 트럭 사이로 불안한 오후가 서 있네

해안로 1447

바다가 검정색에 가까웠다
그런 날은 하늘이 사납다고 사내가 말했다

고무보트를 뒤집었다 젊은 장교가 팀원들의 노를 안고 바다로 몸을 뒤집어 들어갔다 파도 위에서 노가 너무 오래 흩어져 있었다 바다 위에서 부유하는 슬픔이 호각 소리와 함께 사라졌다

얕은 물과 깊은 물 사이에는 쨍하고 금이 가는 경계가 있지

간판에는 푸른 바다 위에 노란 등대가 그려져 있고
나를 사랑하는 시간이라고 써 있는 커피집, 자바
오늘은 날씨처럼 어둡고 진한 맛의 커피를 드세요
바다가 보이는 쪽으로 앉으세요

나를 로스팅하여 너를 추출합니다 *

해안로를 따라 저녁의 바람이 물고기의 비늘같은 머리카락을 흩어버리고 날카로운 해양안전요원의 경고 방송이 파도에 묻혔다가 다시 떠올라 녹슨 눈물을 흘린다 메뉴판에는 덜 익은 원두는 슬픔이 얼룩져 쓴맛이 난다고 붉은 글씨로 쓰여 있다

* 최소연의 시집

숲으로

입을 닫은 문장과 뉘우침이 가득한 채
길게 끌려온 시간
바람이 불지 않아도 떨어지는
나뭇잎은 서로에게 의지하지 않는다
비바람이 거셀수록 몸을 부비대고
백색의 고독한 줄기들 서로에게 상처를 새기지
나무들처럼 누구의 손이라도 잡고 숲의 심장 가까이
가는 사람들

겨울, 하얗게 소름 돋아 오르는 자작나무 숲길

나무와 나무 사이의 모든 것들이
허공에 하얗게 입을 열고
바다 같은 숲의 파도를 맞이하는 골짜기를 지나서야
오래전 나를 떠나 숨어서 살고있는 말을 만난다
뾰족한 단어를 자작나무 숲에 묻는다

뭍

살가죽으로 숨을 쉬는 방법으로 한사코 부레를 거부했으나
썰물 뒤에 입이 말랐다
날개 같은 지느러미를 펴서 사랑을 좇다가
이마 위에 솟아오른 눈이 훑이기 낚시에 꿰뚫리었다
햇볕 속에서 구덕구덕 몸이 굳어가고
가뭄처럼 목에 금이 갔다
순천만 맛집 끓는 솥단지 안에서
짱뚱어가 빼금거리는 입으로 말했다
뭍에서 살고자 했다

유물

땅 밑에는 마그마가 있어서 용암이 터져 흐르고 땅이 흔들거리고 화산재가 날라서 사방이 분간하기 어려웠어 공항이 폐쇄되고 사이렌이 울렸어 살려고 도망쳤어

가슴 속이 미치도록 터져 오를 때마다 발을 헛딛거나 거센 물살 속에 몸을 던지거나 불안한 희망은 절름발이가 되었어 지천으로 펼쳐진 제비꽃들이 순식간에 사라져 버리고

오랜 세월이 지나 화석처럼 굳어 버린 유물이 되어 아직도 발굴되지 못한 채로 남아 있는 것이 있는데 여기에 별과 별을 잇는 긴 끈의 전설을 더하고 공룡의 시대를 더하여 달콤한 이야기를 만들어 내어도 한번 굳어 버린 몸은 펴지지 않았지

다만 참을 수 없이 뜨거운 무엇인가는 아직도 남아 있어서 한겨울에도 아이스아메리카노를 먹어야 한다는 말이지 냉정한 땅 아이슬란드에서 터져 오르는 저 용암이 멈추기를 언제까지나 기다리고 있어야 하는 것인지

손바닥 안에서 보랏빛 꽃이 피기 시작하려나 어느 별에 목을 다친 사랑은 남아 있으려나 창밖에는 사람들이 느릿느릿 걷고 있고 가슴이 시린 사내는 아직도 그림자가 없네

메디폼

에전에는 상처에 약을 바르고 거즈를 대고 반창고를 붙이고 나면 하얀 거즈 위로 꽃처럼 붉으스레한 피가 배어 올랐어 딱지가 생길 때까지 다시 근질거리는 딱지를 떼어내면 상처가 곪고 또 떼어내면 피가 흐르고 흉질 때까지 수도 없이 거듭되었어 흉터 속에는 사람들이 두런두런 살고 있고

깨어진 영혼과 잠들지 않는 아픔을 감쪽같이 붙여 놓는 접착제를 만들었어 습지처럼 마르지 않는 슬픔의 진물이나 기적을 기다리는 삶의 출혈이 끊어지지 않을 때 당황하지 말고 상처의 크기만큼 슬픔의 크기만큼 잘라내어 외부의 공기가 통하지 않도록 꼭 붙이면 저절로 새살이 돋아 상처마다 꽃이 피듯 근질거리고 눈물도 말라버리고 흉터도 생기지 않아

이제 마음껏 상처받아도 돼 죽지만 않을 정도로 이건 폐타이어에서 뽑아낸 거야 다만 건조하게 딱지가 앉거나 이미 치유가 되어버린 아픔에는 적용할 수 없어

최 종 녀

2024년 계간 『시현실』 신인상에 「모래꽃」 외 4편이 당선되어 등단.

최 종 녀

포장 에비뉴

우린다는 건

적당히 바삭하게

즐거운 착각 3

스매시 킹덤

사라진 길

탈춤

잠시 당신의 불을 꺼 두세요

마차푸차레 여인들

압축팩

샨티 샨티

나무자세

반달자세

고양이 자세

사바아사나(송장자세)

포장 에비뉴

맡겨만 주세요
우아하고 멋지게 포장해 드릴게요

하늘의 별자리, 쏟아지는 장대비, 세련된 재즈 선율, 취업 낙방 이력서, 전부 다 취급합니다 숨겨두고 싶은 마음도 슬쩍 보여만 주세요 사각형, 육각형, 원통 모양으로 재주껏 재단해 볼게요

변기 물 내려도 되뿜어 올라오는 것 같은 우울, 신경을 콕콕 찌르는 짜증, 정수리로 쭉 뻗치다가 땅으로 꺼지는 불안 말끔하게 감싸서 늑골 한구석에 처박아두고 싶다는 주문이 왔습니다

낱낱이 흩어지려는 마음의 크기와 감정의 모양
손으로 잡히지도 않지요

전자레인지에 데워 테이크아웃 박스에 담아 보았다가
검정 비닐봉지에 담아 냉동실에 얼렸다가
뚝뚝 떨구는 눈물을 보고는

차라리 스티로폼 박스에 내가 숨고 마는 고양이 같은 하루

땅은 반짝이는 보석을 숨기고 흙으로 덮었다며
바다는 하늘의 모든 별자리를 품었다며
포장의 원조라 주장하지만
자신을 위해 무얼 한 적은 없지요

그건 나도 마찬가지예요

오늘은 날이 흐리더니 장대비가 쏟아지네요 내 기분에 상관없이
우산이 없어요
고백할 것도 변명할 것도 없는 축축한 내 몸은 감추지 못하면서 고객의 주문을 포장하고 있어요

그 아픔 아무도 눈치채지 못하게
속은 비밀스럽고 겉은 반짝이는 얼굴로

우린다는 건

숨 쉴 수 없어 더 진해진 빛깔
남은 향기가 마음을 끄는
이름을 알 수 없는 꽃들

마른 꽃잎 속에는 여러 겹의 시간이 쌓여 있네

바삭하게 여윈 시간의 주름
따뜻한 찻주전자 속으로 스며든다
은은한 빛 퍼뜨리며 고개 드는 너의 부재

우린다는 건
잊혀진 통증을 다시 불러오는 것

멍처럼 푸른 자국이 있었지, 기억의 바닥에 가라앉은
입천장의 물집처럼 아물지 못하고
삼키려 하면 거꾸로 튀어나오려 하던
막말

더 이상 우러날 것 없을 때까지 우려내네

죽지 않고 있었구나
이젠, 마른 꽃잎 같은 투명한 숨으로
꽃받침 없이 피고
미끄러져 내리고

이생과 저승을 한 바퀴 돌아온 듯한
부재의 기억을 마신다

적당히 바삭하게

평생 한 가지 색 두르고 검푸른 멍 단단하게 키운 당신은 어둠 속에서 늘 출렁거렸지요
튀김옷 입지 않은 당신은 끓는 기름 속 화들짝 놀라 크고 작은 물집을 만들며 부풀어 올라요

기억은 바삭거릴수록 좋지만
부러질 수도 있어요

난 당신에게 속삭였는데 입 안에서의 만남은 뾰족한 날 세우고 내게 상처를 주지요 시시때때 신경 곤두세우며 쿡쿡 찔러대는 뼈마디 없는 손끝
감출수록 아픔으로 드러나는 푸른색

몸을 기대 보려다
긁힌 흔적들 숨기려다 지쳐 깊은 잠으로 빠지면
씁쓸했던 시간은 눅눅해져 끈적거리고
늘어진 힘줄처럼 질겨진 고집은 쉽게 끊어지지도 않아요

부러지고 질겨지는 매일
다시마튀각처럼

오늘 하루만은
적당히 달콤하고 짭짤하고 바삭하게

즐거운 착각 3

- 불꽃놀이

네 개의 손이 어둔 캔버스에 거칠게 낙서하듯 덧칠한다 바스키아와 워홀*의 합작품처럼 이어지지 않을 것 같은 이야기

하나의 구심점으로 모이는 연말

힘차게 외치는 카운트다운

캄캄한 하늘로 모인다

기억의 정수리 끝에서 뛰쳐나가고 싶은 아픔은 순식간에 터져 현란하게 공중으로 사라진다 환호와 동시에 밑동 째 뽑힌 것 같은

펑! 펑! 터지는 소리

누군가의 마지막이었을지도 모를 발걸음을 따라 나선형 계단을 타고 옥상으로 올라가

하늘을 본다

죽어간 사람들의 눈동자

눈물처럼 흐르지 않고 찬란한 빛으로 공중분해 되어
다시 내 눈으로 들어오는 별, 순간
곡선으로 쏟아지는 갈채와 희망은 아프고 뜨거웠던
기억의 꽃

온 속이 뒤집히듯 심장으로부터 꺽꺽거리며 게워낸다
허공에 뿌려지는 잔상은 부끄러운 줄 모르고

* 바스키아와 워홀 : 20세기 미국을 대표하는 화가.

스매시 킹덤

앙칼지게 입 다문다
철봉에 매달린 마지막 몇 초가 전부인 것처럼 나를 보는 물건들 다 때려 부순다
날카롭게 튕겨 나가 어둔 하늘 속으로 숨는 이름 더 이상 부를 수 없지

이 방에서 살아남을 방법을 생각한다

창문을 열기 전
잠을 이루기도 전

속을 보이지 않던 속앓이들이 햇빛을 보네 이제 뭐를 하든 염려하지 않아도 돼
드러낼 것을 다 드러낸 홀가분한 마음으로 세상을 거꾸로 봐도 괜찮아
꽁꽁 얼었던 몸 열어젖히고
허공을 핥는 호흡 가빠지고

TV, 모니터, 소주병, 유리가 박살 난다

잘못이 뭔지도 모르고 비린내 뿜으며 비틀거리는
채 죽지 않은 얼굴들

망치는 그 짜릿함을 알지

얻어맞고 맞은 정수리에 가짓빛 멍이 짙어질수록 더 목청 높이는 마른 입술
조각 난 숨소리는 신들린 춤처럼 헝클어졌네
별자리 없는 별들이 천장에서 나선형으로 빙글빙글 돈다

고요보다 더 날 선 두통이 오기 전

중심 잃은 궤도를 쳐다보네 가까운 듯 멀리 보이는 지평선
펑! 터지는 샴페인의 거품
깨진 것들은 멀리 있지 않지
허공에서 칼춤을 추며 아는 척 모르는 척 서로를 비껴가네
실수가 없어 용서도 없고
잊혀지는 속도보다 부서지는 속도가 빠른 이 방
주인 잃은 패스워드가 피를 흘리며 싹을 틔우네

사라진 길

돌고 돌다가 멈춘 골목엔 빛바랜 흑백사진 같은 간판
깨진 유리 창문을 덧댄 끈기 사라진 테이프

여유롭게 둘러보고 싶은 골목의 로드맵

사각의 스크린에서 실시간 활성화되는 나의 최종 목적지는 갈림길에서 주저하지 않고
최단 시간의 거리로 나를 보낸다

그림자 따라 일그러지는 차들의 실루엣
옷 벗고 홀로 선 나무들은 알아듣지 못하는 언어로 계절을 물들이지
1차원적인 좌표상의 길 위에 갇힌 나
뒤돌아보고 머뭇거리면 앞으로만 가라는 일방적 지시

내비게이션을 꺼 버리면 모든 길은 깜깜해진 화면 속으로 사라지고
절룩거리며 흐릿하게 내게로 다가오는 길

축축한 불빛 아래 근시 안경을 벗는다 시간과 시간, 골목과 골목 사이를 비집고 들어가지 못했다

기억 속 된장찌개 구수함은 누군가를 기다리고
내비게이션 오류에 지친 사람들 언성을 높이며 싸운다
이 길이 그 길이었노라고! 개발되어 바뀌었다고!

여전히 그 길, 그 사람을 찾아 기억 속 회로는 헤매는데

똑같은 어조로 되풀이되는 안내를 따르라는 내비게이션의 실종된 겸손에 고개 떨군 저항이
'가지 않은 길'위에
그림자로 남아 절룩거린다

탈춤

태풍에 떨어진 나뭇잎
흰 거품 토하며 뒤집어지는 파도
벌렁 자빠져도 당당한 개
하얀 백지 위에 수십 번 고쳐 쓰는 편지처럼

모두가
얼쑤! 난리 난리 난리다

사자처럼 으르렁거렸다가
각시처럼 웃으며 침 흘리고
백정처럼 내장을 도려내고 눈알을 파내다가

어느 탈에도 빙의되어 발과 팔 덩실거리며
내 영혼 하늘하늘 가벼워질 때까지 몸 밖으로 퍼내는
독소, 검은 피

상처가 다시 돌아오지 않게
찡그린 표정이 더 쭈그러들지 않게
공사판의 먼지보다 가볍게
햇빛 아래 녹아내리는 아이스크림처럼

몸을 허공에 띄우고 균형을 잡으려면 사시가 되는 눈동자
겁도 없이 숨을 쉬네

굽은 등 일으켜 세우고 부딪히고 망가뜨리며 나오는 커다란 신음은 멈추질 않지
여전히 벌렁거리는 콧구멍이 울음을 삼키네

한판 제대로 놀아보자

두개골 안에서 헛도는 북소리처럼
금 간 거울 속에서 끝내 춤추는 입술처럼
생을 마감하는 창끝처럼

잠시 당신의 불을 꺼 두세요

- 네팔 1

저녁이 물들여 놓은 히말라야
메리골드 주황빛 옷자락 사이로 불거진 뱃살
네팔 인심은 후덕하고
색색의 헝겊으로 천정을 드리운 요가 스튜디오

어느 틈엔가 들어 온 벌레
나마스떼로 합장하고
요기들의 기(氣)는 정수리로 모이는데
소리 없이 정전이 찾아오네

찰나의 침묵

하나둘 켜지는 촛불
차크라는 불빛 따라 춤추는 영혼들 불러 모은다

구겨진 그림자, 흐르는 촛농
너그러워진 눈동자는
비뚜로 하는 동작도 찾아내지 못하네

흔들리는 심지 속에서
빗방울은 메리골드 꽃잎 사이로 리듬을 타고

흐르는 호흡 속 미끄러지는 기억 하나 잡으려
등이 젖은 누군가
사마스티티로 선 전봇대에 올라
수신기 뚜껑 들어 올리고 있다

얼굴에는 환한 불빛
'나마스떼'

마차푸차레 여인들

- 네팔 2

하늘이 가까워 더 진한 칸나의 붉은 빛
물고기 꼬리 모양 마차푸차레 만년 묵은눈으로 지느러미를 빚는다

빨랫줄에 널어놓은 이불 홑청은 새로 돋은 비늘처럼 뽀얗게 빛나고
넓게 펴진 산 그림자
전생처럼 출렁이지

큰아들이 멍석에 레몬그라스 펼쳐 놓으면 할머니, 첫째 며느리, 둘째 며느리 물결처럼 앉아 거친 잎 다듬는다
석양이 겹겹으로 물든 손톱
그 물고기의 호흡을 만진 적 있을까

산 그림자 속 둥근 젖가슴이 느리게 숨을 쉰다 그을린 젖꼭지를 빠는 어린 아기 머리 뒤로 뿌옇게 올라오는 비포장도로의 거친 호흡
상점 문턱에 매달린 먼지 뽀얀 과자봉지 같은 오늘
계획 없는 내일은 늘 말없이 착하지

운명인지 인연인지 가리지 않고
무심히 젖소의 젖통을 주무르는 낯익은 체온
작두질 속에서 썩둑썩둑 잘려 나가는 여인들의 시간
그 곁에서 또 한 켜의 주름 그슬리며
레몬 향에 녹색 물 찌든 앞치마

압축팩

가슴이 포개지고 어깨깃이 납작해지고 사지가 쪼그라들며 몸통이 줄어든다 쌓였던 눈 녹듯 스르르 내려앉는 패딩

기억이 지층처럼 눌리고 높낮이 없는 음이 소리 내지 못할 때
하고 싶은 말들은 거리를 헤매지도 못하고

몰려드는 먹구름 사이로 고개 내밀려다
보이지 않는 하늘 뒤로 숨는 마지막 한 숨
그걸 빨아내고 마는 펌프
한 치의 여유도 없이 짜내고 짠다

첩첩 쌓인 산이 압축되어 굵게 선 힘줄만이 눈에 들어오듯
심장이 쪼그라들며 사투를 벌일수록 더욱더 굳어버리는 겨울의 잔상

거위 털 틈에 끼어있던 먼지 묻은 숨을 꺽꺽 토해내네
들숨이 없고 날숨만 있을 때 목숨이 다한 거라는데
나간 숨은 돌아오지 않지
맞아, 거위는 죽었거든

샨티 샨티

고요한 음악이다 샨티 샨티*하는 부드러운 음성이 울려 퍼지면 외다리로 서서 흔들리는 나
거울 속 나는 무중력이 간절하다

촛불은 심지를 태우며
구석의 어둠을 흔들고 있네

흔들리는 건 나뿐이 아니다 음악 소리가 점점 실을 길게 드리우다가 사뿐히 나의 귀에 안착하네

꿈틀거리는 선율

이 고요가 샨티일까, 내가 샨티일까

허우적거리던 나는 서둘러 샨티 음악에 나를 심는다
외다리로
고요한 거울 속에 들어간다

* 샨티 : 산스크리티어로 평화라는 뜻

나무자세

- 요가 1

비탈진 곳
태양을 향해 솟는 나무를
지구의 중력이 끌어당긴다
나무도 때론 바람에 흔들리는데
뿌리도 없는 내가
양손 모으고 한 다리로 서려 한다
누구에게도 기대지 않고 은밀하게 하나씩
동그란 나이테를 제 몸에 두르는
나무
양팔 하늘로 찌르고
우듬지로 모여드는 잡념의 하루살이 떼
쫓으며 흔들려가며
외다리 나무로 서고 싶다
고요한 나뭇잎 사이
숨은 나의 숨소리

반달자세

- 요가 2

휘청거리는 팔다리
거친 숨, 그에게 보낸다
달의 중력*처럼 가벼운 사랑이라면 좋겠다

그에게 가는 길 멀고 무거워
두꺼워지고 뻣뻣해진 골격을 은은한 달빛 속에 숨기지

근육의 미세한 떨림
끊어질 듯 버티는 마음도 모두 달무리 속으로 기어드네

그대로 머물기!

하나, 둘, 셋
가빠지는 숨
깊어지는 전신의 무력감

끝까지 버팅기기!

그 힘의 반은 내 숨,
나머지는 그의 중력

* 달의 중력은 지구의 16.7%

고양이 자세

- 요가 3

두 팔 두 무릎 바닥에 대고
둥글게 등 말아 올린 따스하고 가는 몸
뼈마디 사이에 숨어있는 긴장과 불안
화석처럼 굳어지고 기억을 잃어
좁아진 경추의 틈
숨 머물 곳 없다

더 더 더
작게 웅크린다

등 말아 올리자 빳빳하게 서는 수염
차분한 호흡에 녹아든다
창가 햇살 아래 놓인 긴장과 이완의 경계

사바아사나(송장자세)

- 요가 4

고양이, 나무, 코브라, 반달
몸 구석구석까지 쑤셔 놨다
구겨지고 망가진 신경다발은
초기화되고
잡념은 싱잉보울 공명 속으로
빨려 들어간다
....
아무것도 없다
어둠이다

허 훈

2025년 계간 『시현실』 신인상에 「말의 말」 외 4편이
당선되어 등단.

허 훈

사람책

문절망둑

오래된 다리

하산길 수크령

공무직 김씨의 가녹가녹

동백꽃

그날

사람하고 사귀고 싶은 날

헛꽃 1

헛꽃 2

유념

끝섬의 끝자락

아우의 맥문동

결강사유서

어긋난 계가

사람책

대개는 바람 냄새가 난다

하늬바람처럼 들꽃 한 줌씩 묻어나기도 하고
높새바람처럼 솔잎 한 잎 코끝을 찌르기도 한다

때로는 길이 엇갈려
읽기에 더욱 막막해져 가는 책

오독을 피하려고
몇 번이고 읽는다

갈피를 잡지 못해 가슴 쓸어내리던 날들
다시 쓰인 개정판을 넘기며 뒤척이던 밤들

사소한 문구들로 쓴
너와 나 사이는 꽤 풀기 어려워졌다

어느 때는 수동태로 읽어야 하는 문구들
서로 다른 곳에 밑줄을 쳐서 돌아가야 했던

사람책에 귀접이를 하는 것은 이해할 수 있다

너와 나의 페이지 사이로 골바람 부는 날
작게 소리 내어 읽으면

빈 마음 울리는 풍경소리가 되기 때문이다

문절망둑*

바닷물이 지친 강물을 끌어안느라
느슨해진 섬진강 하류

도시의 데데한 삶 털어내고
갯냄새 물씬나는 초당에 앉는다

부서진 굴껍데기
색바랜 나뭇조각들
오래 떠돌던 것들의 수납장 같은 갯벌
허연 뱃살이 보인다

날아오르는 망둑어들

제 새끼 쪽으로 연하디연한 숨결
하늘 세상으로 검푸른 등칼을 겨눈다

밥벌이하는 것들은 왜 저리 야단스러울까

다산도 나도
문절망둑*

짠 것들이 덮쳐 오자
고립의 신열을 앓는다

튀어 오르려, 튀어 오르려 하지만
등 돌리는 강

표류해온 것들에게서 풍기는 후회의 냄새

* 망둑어의 한 종류. 강 하구와 바다가 맞닿는 지역에 서식한다.

오래된 다리

인적 드문 길
이름표도 달아버린 다리
넘어지지 않으려 얼마나 안간힘 썼을까
녹슨 뼈마디 몇 개, 드러나 있다
산기슭에 살던 사람들 그리웠을까
귀틀석도 부풀어 올랐다
머리 위의 산벚꽃 가지들
오랜 친구가 안쓰러워
하얀 꽃잎들 흩날린다
팔자주름이 생기도록
미소 짓는 엄지기둥
나도 따라 웃는다
꽃잎 한 잎
꽃술 한 잔
기도하듯 부어 준다
벌컥벌컥 잘도 마신다
싱그러운 봄볕
우걱우걱 잘도 씹는다

하산길 수크령

굽이굽이 이어진 산길
비틀비틀 따라온다
산마루에 날려버리지 못한
마음, 가벼워지지 않는다
작은 웅덩이 옆
갈바람에 조용히 흔들리는 수크령
저 여리고도 굳센 표정
꽃대 하나를 손에 쥐고
꽃이삭을 들여다 본다
포영(苞穎)에 맺힌 이슬눈물
따라 울 것 같아
발걸음을 재촉하는데,
무언가 껄끄럽다
수크령 까락 몇 까락
바늘 끝같이 찌른다
아, 그래.
아직 단단해지지 못했어

올라올 때보다 먼 하산길

공무직 김씨의 가녹가녹

신시가지 공사판서 한 팔 잃고 느려진 김씨

새로 얻은 명찰을 달고
새로 지은 행정복지센터 건물 관리실에서
간혹 친절하다가 간혹 퉁명스럽다

동식이의 개발반대 피켓은 먼지 속에 묻히구
팔린 땅들이 죽죽 늘어나
길쭉한 아파트 무표정한 전철역
잘 팔았으면 한밑천 잡았겠더라구

한눈파는 사이
산업팀으로 복지지원팀으로
슬슬 피해 가는 민원인들

목놓아 울고 싶을 때
동네 친구들과 간혹간혹
막걸리 마시던 맑았던 개울
그 옆 벤처단진가 무섭게 들어서고

그 옆 턱없이 조그마한
마을 정원 꾸민다고 소란 떨어도
떠난 마음들은 보이질 않아

팔에 부스럼이 나는 듯
간질거리는 수락산 기슭 술집에서
아무개야 하고 전화를 건다

쌍소리가 건너오고
팔이 쭉 뻗어 나와 꿀밤을 먹이는 친구들이
그래두 '가녹가녹' 있다는

국어사전에 담기지 않는 그의 말

동백꽃

동백꽃이 바닥을 뒹군다
나는 김군, 하고 불러주었다

온몸으로 떨어지는 꽃
동백의 혈흔은 붉다

독서실 전등 빛이 사방무늬처럼 퍼진다
옥죄는 채무처럼 끝이 보이지 않는다
수험서 사이에 눌리는 꽃의 꿈
엎드려 조는 꿈속마저 시험이다
신용불량자들이 꾸는 꿈이란 보폭이 짧다
자주 벼랑 끝으로 발자국이 사라진다

꽃의 추락사가 있었다.
바닥에 닿기 전에 해풍이 불었다
아름다운 파문

멍울진 핏자국을 대걸레로 지운다
꽃은 붉게 혈흔을 남겼다

꽃이 진 자리로 해도 지고 있다
너무 생생해서 죽어서도 살아있는 듯했다

그날

그날 여섯 시, 아내는 마을 대청소를 한다고 집을 나섰고 나는 아홉 시에 일터로 갔다 그날 어머니의 낡은 심장에 넣은 카데터는 잘 돌아갔고 전주로 이사 간 큰애는 카톡방에 손녀 사진을 올렸다 전방은 무사했고 세상은 완벽했다 없는 것이 없던 그날 광화문에는 대낮부터 탄핵하라는 인파들이 몰렸고 몇 년 후에 노예가 될 애들은 강의실에서 졸고 있거나 스마트폰을 보았다 그날 아내는 청소비 지급 문제로 이장과 다투었고 작은애는 꿈이 사라졌다는 전화를 했다 그날 퇴근길에 나는 러시아가 초음속 미사일을 우크라이나로 발사했다는 소식을 들었고 사람이 사람을 죽이는 일을 저렇게 스포츠 중계하듯 알리는 세상이 재미로 창조된 것이라고 믿었다 그날 머스크의 저고도 위성은 수만 개의 별이 되어 있었고, 나는 보았다 집을 지키려는 사내들이 자기 하늘까지 무너뜨리는 것을 플랫폼의 너른 품성과 AI의 다정함을 그날 자율주행 자동차는 보행하던 사람을 죽였고 그날 시내 호프집과 모텔은 예전보다 쓸쓸했고 그날의 신음 소리를 누구나 들었다 모두 병들었는데 아무도 아파하지 않았다

* 이성복 시인의 「그날」을 패러디하다.

사람하고 사귀고 싶은 날

동네 한가운데 편의점 그 구석 자리에 앉아 컵라면에 물을 붓고 있는 김군

작은봉지김치팩 하나 털어 올려놓고는 피식 웃기도 하고

한 손으로는 카메라를 잡고
한 손으로는 엄지를 들어 올린다

옆자리가 비어 있는 저녁 풍경

후후 불기도 하고 후루룩 면치기도 하는
혼밥 사진

그가 올릴 때마다
댓글로 반응하는 사람들

그의 마음은 누구를 향하는 것일까

챗 GPT에게 말을 건다

무슨 척하는 거니 너만 외롭니 이런 이야기 진짜 무섭거든

"악플은 정말 속상하고 힘들죠
아무리 무시하려 해도 자꾸 마음에 남지요
좋은 이야기에만 귀 기울이세요"

섬찟 놀란다

가끔은 사람하고 사귀고 싶은데

카운터 위에 걸린
CCTV는 소리 없이 돌아가고

'사람하고 사귀고 싶으면 월정료를 더 내세요'

헛꽃 1

- 그리움

가을바람에 익어 누릇해지는 꽃

그때 비로소

수고를
알게 되는
꽃

애지중지
참꽃 뒷바라지 뒤

수굿하게
지는 꽃

떨어지고
나서야

그리워지는
꽃

헛꽃 2

- 변명

연애하는 꿈을 꾸었다

새색시, 흰 치마같은 자태
뽐내는 미소도 고왔다

산들바람에 춤추고
벌과 나비를 유혹했다

…그뿐

사랑은 보내주는 것이고

사랑이 지나간 자리에서
피는,

유념

문질러서 상처 낸 것에 대해 변명할 것이 있어

뒤집어가며 덖어내는 것만으로는 못 미더워 허벅지에 밀을 비벼 면을 만든 유목민의 심정으로 네 잎들을 문댔어 잎맥들을 터뜨려 네 속의 은밀한 향과 맛을 끌어내려고 항아리에 넣고 땅속을 파고들려는 속성을 주저앉혔지 함부로 잎을 따던 거칠었던 날들 같이 숙성시키려 했는데,

고원의 유르트로 갔어 대청꽃들도 들판에 제 잎들을 다 내주었네 배를 지독히 곪았던 때가 생각나는 꽃들의 폐허 주인 여자는 라그만*을 내놓았지 다진 양고기를 넣고 부드럽게 비빈 국수에서 탄성이 배어 나와 마른 말똥을 태우다 뭉뚝해진 손으로 면을 내리쳐 쌓은 것이겠지 거친 들판의 냄새가 밴

들쳐메고 온 후회의 안색을 살피곤, 발효가 끝난 차고**를 내놓았지 차를 몇 번이고 우려내요 몇 번이고 갈색의 진한 향이 나오게 이파리가 부서진 것들을 위로해야지 하지만 용서하지 말아줘 그렇게 말해줄 너는 부러지고 없는데

마른 밤하늘엔 별들이 빨리도 멀어지네

* 라그만 : 밀가루와 소금, 물 만을 이용하여 수타로 만든 면에 피망과 양배추, 토마토 등에 다진 고기를 함께 볶은 키르기스스탄 국수 요리.

** 차고 : 차잎들을 문질러서 항아리에 2달 정도 숙성시킨 후 만든 고(膏).

끝섬의 끝자락

마지막 민박집이라고 한다
출발선에 선 달리기 직전의 단거리선수처럼 웅크리고 있는데도

더는 갈 수 없다

떠밀려 온 쪽의 반대쪽으로 바람은 잦아들고 낮아진 돌담은 머리가 억센 방풍나물 몇 포기를 붙잡고 있다

북쪽으로는 왜 저렇게 바람이 센 걸까

사내는 갯바위에서 이틀째 빈 낚시를 했다고 한다
벵에돔 몇 마리를 건져놓고도 다시 보냈다고 한다 자꾸만 속임을 당하는 것이 저를 닮아서 그랬단다

옆방에 묵은 사내를 의식하며
짐 가방을 그쪽으로 밀어둔다

그와 나는 오늘 밤 다른 꿈을 꿀까

구멍이 숭숭 뚫린 돌 위에 지은 집은 물질로 건진 뿔소라처럼 사내들의 속 앓는 잠꼬대로 속이 꽉 차 간다

더 갈 수는 없다
뚫린 가슴으로 바람이 숭숭 들어도

아우의 맥문동

못 본 사이에 잘라냈지 저기 봐 긴 꼬리 살랑거리며 웃는 꽃대들 형은 광릉숲에 입원해 본 적 없나 거기에 가면 저 보랏빛 꽃들이 감싸주거든 그거 알아 누구나 제 몸 안에 얼마나 오래 단단해진 암덩어리들이 들었는지 그것들 산들바람 부는 오솔길에 내려놓으면 얼마나 홀가분할까

나뭇가지를 잘라냈다는 이야기를 하는 것 같은 표정이었다 글로 밥먹던 일 그만두고 쌀집을 할 때도 쌀가마니 들기가 볼펜보다 가볍다 했었지 더는 기사를 땜빵하지 않겠다고 홀쭉해진 상가 앞의 야윈 소나무처럼 살았다 했는데 사람에게 베인 상처에 송진이 베어나올 때까지 잠들지 못했다 했는데

한낮에도 잘 수 없어 폐에서 시작하더니 마음까지 가리네 아무것도 느껴지지 않아서 느껴지지 않는 것들이 느껴지더라고 소나무 숲길 아래 맥문동 꽃밭을 다시 걸을 거야 움푹 파인 상처를 같이 아파하는 게 맥문동의 감정이더라고 또박또박 한 글자씩 쓰듯이 걸어봐 누어

도 봐 첫날 밤 실크 잠옷 입은 아내처럼 아주 푸근하겠지 요즘엔 살다가 뭉그러진 구석구석을 리모델링하는 기분이거든 그런 나를 바라보니까 맥이 빨라지나 봐 형도 사방으로 바람맞는 거리에 서는 날

맥문동처럼 한번 살아 봐

결강사유서

안녕하세요 교수님 딱히 변명할 거리는 못되지만 후회하지 않으려고 메일을 드립니다 정식 결강계를 내기에는 어처구니없는 이유이기도 해서요 요즈음은 편지 받는 일이 없다고 하셨기에 좀 놀라시겠네요

지난번 강의에서 요즈음 애들 제일 싫어하는 질문을 하셨는데요 어떤 표정도 토론도 없는 세상을 모르신다고 생각했습니다 함께 산다는 것은 무엇입니까 함께 잘 산다는 것을 왜 그렇게 강조하시나요 저는 그 방법이 알고 싶어 조바심치는 유형은 아니지만 어쩔 수 없이 거기에 섰답니다 147년 만의 폭설이 하필 첫눈이었지요 바람은 밤새 할 일을 다 끝냈는지 종종거리고 경비원 아저씨는 넉가래로 아저씨보다 천 배는 넓은 바닥을 혼자서 힘겹게 밀고 있었죠 저는 그 구멍을 보고 말았습니다 아저씨가 판 그 구멍을요

사방의 침묵이 질문을 던져올 때 누구라도 구멍이 나고 있는 건 아닌가요 밤과 낮이 바뀔 때도 알바 시간에 대지 못할 때도 현금이 부족합니다 금속성 질책이 날아올 때도 아직 꿈을 못 찾았니 지난 밤 꿈이 물어보는 바람에도 바람 빠진 풍선처럼 넋 나간 듯 그 구멍에 주저앉았지요 질문은 구멍을 막는 이유인가요 구멍을 파는 이유인가요

한 사람씩 스쳐 지나쳐가는데 날렵하게 피해가기도 하고 소름 돋는 외마디 비명을 지르기도 하고 아무튼 누구의 손도 잡을 수 없었습니다 그 구멍 옆으로는 붙잡을 수 있는 적당한 굵기의 배롱나무가 벌거벗고 있긴 했지요 손을 길게 뻗으면 변명도 필요 없는 곳으로 갈 수 있었는데요 구멍이 들어가는 쪽과 나가는 쪽이 있다는 어떤 설명이 기억났습니다 내가 구멍에 그냥 살아도 내 에너지는 그냥 있다는 소리이니까요 엎어져서 가만히 숨을 쉬기로 했습니다 나도 눈도 땅도 녹아 내리데요

영양부족성 허혈증세랍니다 가끔 헛꿈을 꾼다는 거죠 지구 밖에서 지구를 본 적이 있으신가요 자전하는 것을 맹신하거든요 지구가 손을 잡아줘서 달이 도나요 달은 그저 어두운 밤이 좋은 거예요 어떤 미친 정치가가 그랬답니다 달이 밝아지는 날이 다시 올 거라나요 믿냐고요 천만에요 제가 못빠져 나오는 이유도 그걸 거예요

교수님, 열정적으로 강의해 주셨던 마을이 돌아와야 된다는 이야기 다시 듣고는 싶어요 그러나 구멍을 지나 다시 구멍을 지나는 회전문을 찾지 못했어요 출석을 인정해 주시면 안 될까요

어긋난 계가

백을 무르다고 생각하는데 나를 쥔 사람은 그렇지않은 눈치다 손이 떨리고 몸도 떨리는 것이 정기항로를 벗어난 유람선 같다 361로 사각의 어느 한 점에 내려 놓인 다음에야 적이 기대어 오든 끊어 오든 부딪쳐 오든 나는 상관없다고 오기처럼 오석처럼 검은 빛을 띠고 뜨거운 불도 견디고 짓누르는 무게도 견디고 당당하게 사방으로 노출된 터라 감출 것도 없고 그저 살바를 꽉 잡아 쥐고 힘을 겨루겠다는 생각뿐이었는데, 나를 쥔 사람은 운명을 놓친 사람처럼 꼼짝 않고 있다 늘 상대하던 공인중개사 김씨가 눈치를 살핀다 나를 10개쯤 더 잡아내어 오늘은 김치찌개에 소주 한병을 공짜로 먹을 궁리다 나의 오른쪽 왼쪽 위쪽 아래쪽이 모두 비어 있는데 기어코 저 멀리 귀쪽으로 파고든다 무엇이 잘 못 되었을까 김씨의 착점들은 사뭇 멀어진 내 과거의 족적을 끊어버리고 내 분신들 몇 개를 집어낸다 김씨 아내의 전화가 걸려오려면 30분이 채 못 남았다 재빨리 흰 돌들의 느슨한 틈새를 파고들어 뒤집어 놓지 못하면 계가를 할 것도 없이 판은 끝나고 나를 쥔 사람은 후회스러울 것이다

그의 생각은 끝이 없고
꽤나 꼬이는 그와 나의 감정

손 진 홍

계간 『스토리문학』 신인상에 시, 계간 『에세이문예』 신인상에 수필 등단.
수필집 『꽃 좋아할 틈이 없었어』 (문학공원, 2014)

손 진 홍

아름답다는 것들

멀리 바라보는 푸른 숲이 아름답다
멀리서 바라보는 물든 단풍잎이 아름답다
멀리서 다가오는 여인이 아름답다
멀리서 반짝이는 뭍 별들이 아름답다
떨어져 핀 꽃들이 아름답다
가끔 만난 사람이 너그럽다

무리 지어 있을 때
속내 들키지 않았을 때

골짜기 정자에서

고요가 샘을 파고 들어앉았다
정적이 솟구쳐올라 골짜기를 덮는다
빛은 은총으로 숲을 덮었다

하늘 향해 두 팔 벌린 나무가
무언으로 설교를 펼칠 때
새들은 성가를 불렀다

우리 집 아침 소식

뜨락에 나서니
장미꽃 다알리아꽃이 반갑다
채소밭에 다가가니
오이가 밤새 방망이로 자랐고 토마토는 볼이 곧 터진다
고추밭 옆에 블루베리도 까매지며 때가 되었음을 알
린다
대문 옆에 보리수 열매도 한 달 넘게 입맛 돋게 한다
밤새 자란 벼포기가 논배미를 꽉 메우고 물결친다
들판은 푸르름의 천지다
길가에 망초들이 옹기종기 꽃을 피웠다
물 막은 개보에서는
싱그런 풍경들이 물속에 들어앉아 몸을 닦는다

* 개보 : 마을 앞 냇물에 막아놓은 보 이름

다알리아

다알리아가 꽃을 피웠다
반가워서 다가가 보니
고개를 푹 숙이고 있다
왜 고개를 숙이고 있느냐고 물으니
'다, 알리야 없지' 한다

낯설기

숲길 걷다가 추월해 갔다
세 명의 남자들이 유쾌하게 재미있다
지나치는 순간 입들이 닫혔다
사이가 벌어진 뒤 또 다시 재미있다

여름밤 논바닥에 개구리들이 신나게 울어댄다
발자국 소리에 쏙 들어갔다가
발자국이 멀어지니까 또 울기 신났다

바람이 불어주는 의미

하늘이 파란 것은 구름이 날아간 때문이겠다
마음이 맑은 것은 긴장이 사라진 때문일 거다
구름이 떠나면 비도 가고
근심이 떠나가면 긴장도 사라진다
구름이 오락가락할 때 비가 내리고
근심이 때때로 찾아줄 때 긴장하며 산다

바람아 불어라

갈대의 짝사랑

갈대가 물을 좋아한다는 것은 알고 있었지만
곁도 안 주는 물 가까이로
자꾸만 다가가더니
뿌리치고, 때로는 밀어붙이고
달아나는 물살에 치여
짓밟히기 일쑨데도
끝내는 엎어지면서까지
손수건 하나 쥐고 가녀린 팔 뻗어 흔들며
눈물 쏟는다

꽃밭의 애정행각

봉숭아는 간밤에 술을 많이 마셨나 보다
아무나 붙들고 비벼댄 입술이 현란하게 붉다

요즘 달리아가 달덩이처럼 훤하다
훤칠한 키, 우아한 자태에
분꽃은 꽃송이마다
주둥이 쭉쭉 빼 밀고 핑크색 입술을 벌름거린다

넘겨다보는 칸나 긴 모가지
부러질 지경이다

풀을 자르다가

논둑에 풀이 무성하다
예초기 돌려 풀을 깎는데
개구리가 날에 맞아 네다리 뻗는다
멈추고 애도할 겨를도 없이
제초기 날이 돈다
나는 결국
양서류, 파충류, 곤충들의 보금자리,
먹이를 빼앗아 버렸다
맞아 죽은 생명이 얼마인지
알지 못하겠다

떠나간 자리

신호등이 엄숙하게 멈춰 세우는 것도
길거리가 양쪽으로 갈라져 있는 것도
왕방산이 내려다보고 서 있는 것도
호병골 도랑물이 여전히 흐르는 것도
마주치는 낯설지 않은 사람들도
내가 살던 아파트도
올려다보이는 그 창문도
모두가 그대로인데

낯설지 않은 낯설음에 걸음을 멈춘다

살 맞은 장미

타오르는 정열로
붉게 피워올린 장미 한 송이
날 취하게 하더니
밤사이 내린 찬비 몇 방울
화살이 됐나 보다
아침에 나가보니
젖은 땅바닥에 수북이 나자빠졌다

자기 죽이기

파도는 뭍을 넘보고 있다
아무리 힘차게 달려와서 도움닫기 해도
힘이 달린다
지켜보기에도 안타깝기만 하다
물은 아래로만 가야 하지
물이라는 데 슬픔이 있다
뭍에 오르려는 열망이 있다면
자신이 죽을 수밖에

명사십리 창문 커다란 이층 찻집

어제도 가고
오늘도 갔었지
내일도 갈 거야
오라는 사람은 없었어

그곳에는 창문밖에 없었으니까
창은 넓고 밖은 멀기만 했어
창을 마주하고 비로소
밖에도 세상이 있음을 알았어
내가 세상 밖으로
마음껏 휘젓고 다니고 있음에 놀랐어
창문이란 그런 거였어
마음을 열고, 닫는 문
간단해
고개 하나 돌리면 되는 거였어
밖의 세계와 안의 세계가

창밖으로 마음을 내보내 주고
마냥 앉아 있었어

남녘땅 눈 오는 날

눈이 발 못 붙이는 땅
다가오는 눈, 방패로 막아서는 곳

웬만하면 눈이 다가오지도 못하지만
오더라도 땅 밟기는 어렵다
매섭게 몰아쳐서 바다로 내몰든가
가까스로 땅을 밟으려 해도
이 땅은 얼른 묻어 버린다
하루아침에
자기들만의 세상으로 만들려는 야심을
이 땅은 알고 있어서다
우리는 그렇게 호락호락하지 않다고
우리는 우리 사는 방식대로 산다고

밤비

밤중에 슬며시 찾아와 옆에 앉는다
설 마셨는가
그래도 염치는 있는 모양새를 취한다
뭔지 알아듣지 못하게
구시렁거리더니
부시럭부시럭 주머니를 뒤져
뭔가 꺼내 놓고
덜그락 대질 않나
도무지 알 수 없는 무슨
아픈 사연 있었는지 모르지만
훌지락훌지락 퍼지르고 운다
떨궈대는 눈물방울
쭈그러진 깡통에 대고
요란스럽게 툭탁거린다
돌아누워 잠을 청해보았지만
하소연하는 소리 들어주다 보니
함께 긴 밤 새웠다

이 혜 영

2019년 계간 『에세이문예』 신인상에 수필「산촌」 당선되어 등단.
사) 한국문인협회 포천시지회 포천문예대학 수료

이 혜 영

선물
여름 농부
우라질 년
겨울 오후
마땅
여름마당
뿔을 뽑다
겨울을 밟는다
방언
고향을 소집하다
울퉁불퉁
시간 여행
텃밭
오래된 창고

선물

나는 우체국 택배 상자랍니다
찬 바람이 몹시 불던 날
김치도 아니고 멸치도 아니고 무말랭이도 아닌
알 수 없는 책을 담고 외딴집 발코니에 배달되었지요

이 집 안주인인가 봅니다
내가 갖고 온 책을 뭉텅이뭉텅이 꺼내 놓고는 책 제목과 지은이 이름을 적어 두네요
'윤성근 조윤희 박남철 박인숙 이승훈 노태맹…'
'세계사'라는 출판사에 올려진 이름들인데 집 주인은 아는 이름이 없는 눈치입니다

찬찬히 책과 지은이들이 점검되더니 책과 나를 끌어모아
햇빛이 반짝이는 등을 가진 비닐하우스로 옮깁니다
비닐하우스 안은 바람 부는 바깥과는 다르게 따뜻합니다

책을 옮겨 온 그녀는
내 품에 그 책들을 다소곳하게 안겨줍니다
내 옆으로는'맛 좋은 감귤'이라는 이름을 가진
제주에서 온 빈 상자가 자리합니다

맛 좋은 귤을 담아와서 다 나눠주고 빈속으로 잠을 자고 있었나 봅니다
내게는 50권을 채워주고 감귤 친구에게는 30권을 줍니다
내가 안고 온 책은 80권이었네요

비닐하우스는 동네 사랑방인가 봅니다
하우스 앞마당 한켠 화톳불을 지피고 고구마를 굽다가
가끔 내게 눈길은 주지만 책에는 손길이 오지 않습니다
책이 재미있는 내용은 아닌 듯합니다

밤이 왔습니다 춥고 무섭기는 하지만
햇빛 냄새와 믹스커피 냄새가 와글댈 다음날을 생각하고
'맛 좋은 감귤' 상자 친구와 옆구리를 맞대고 있어 견딜 만합니다

폐지 줍는 할머니에게 가지 않고
책을 안아보는 선물을 받아 뿌듯합니다

여름 농부

비를 잔뜩 물어 양쪽 볼따구니를
부풀린 먹구름, 애인과 약속 있는지
후두둑 뿌리며 떠난다

지나가는 비에 상처를 입은 마음
생채기 같은 흔적만 남긴 순간 만남을
원망으로 하늘을 채운다

생채기를 뒤집어 쓴 맥고모자와
흙을 왕창 묻힌 장화가 호수를 끌어간다

뱀처럼 구불거리며 밭을 누비는 검은 호수가
지하수를 잔뜩 물고 있는 모터 주둥이를 물었다

구불거리는 호수 속에서 이유 없이 바쁜 물
기다리던 마음은 속이 타고
물을 뿜는 모터는 열을 낸다

연애를 마친 구름은
목화솜이 되어 맑은 하늘에 풀어낸다
송이송이 꽃이 띄워진다

우라질 년

할머니가 마루에서 호통을 친다

여름에는 채소를 삶고 데치는 일 많아
안마당 우물가에 뜨거운 물을 버리는 일이 잦다
그때 들려오는 불호령이다

"뜨거운 걸 쏟으면
수채 아래 벌거지들이 을매나 뜨겁것냐"

지금도
채소를 삶아 낸 물을 보면
할머니가 보내시던 뜨거운 호령이
비녀가 되어 뒤통수에 꽂힌다

뜨거운 물을 식히려 밖에 놔두었다
식었겠다 싶어 나가보니
물 담긴 그릇에 나방 한 마리
날개를 쫙 펴고 퍼져 있다
찬물을 섞어 그릇을 비워야 했다

일부러 한 살생은 아니지만 그래도, 나는
오랏줄에 묶여 가야한다

겨울 오후

사람 발길 드문 산속
바위를 지붕 삼은 오두막 절
법당 문 닫혔다

쪽 마당 양지에
새끼 고양이 졸고
눈 덮인 작은 샘
쉼 없이 물을 토해낸다

바다를 향한 마음 감추지 못하는
처마 끝 작은 물고기
반들거리는 툇마루 아래
낡은 털신 한 켤레
넘어가는 햇볕 잡아 가둔다

마땅

세탁기 탈수 시간 팔 분
빨래를 안고 힘차게 돌아가는 탈수 능력
물러터진 내 맘도 집어넣고 싶다

신나게 돌아가던 탈수기가 서서히 멈춤을 준비한다
급한 마음에 달려가 멈춤 버튼을 누르려다가 멈칫
손길을 거둔다

남은 시간 일 분
멈춤을 준비하는 기계에게
급하게 절명시키기가 미안해진다

여름마당

한적한 여름 한낮 마당가
숨바꼭질 놀이가 시작된다
첫 번째 술래는 해님

매미는 후박나무 잎 뒤에
방아깨비도 벚나무 잎 뒤에
개미는 숨을 곳을 찾느라 바쁘고
사마귀도 분꽃 잎 뒤에 몸을 감춘다

아이쿠 이런!

엄마 양산 속에 숨어 있던 순이가
해님에게 들키고 말았네

하나
둘
셋
넷

순이는 술래가 되고
해님은 재빨리 몸을 숨긴다

뿔을 뽑다

분을 박차고 나간 뿔이
의자에 박혀 있다

고집을 꺾지 못한 뿔이
베개에 누워 있다

뿔이 나서 여기저기 돌아본다

턱을 괴고 잠시 졸고 싶다

앉을 곳 찾다가 지쳐 주저앉았다

아뿔싸
내 똥구녕에 난 뿔이 바닥을 찔렀다

겨울을 밟는다

천둥오리가 세수를 하는
살얼음 덮인 냇가
얼얼한 얼음꽃 피는 들길

아직
일어나지 않은 서리꽃 아래
고드름 세운 쑥부쟁이가
먼저 일어난 바람 따라 눈을 비빈다

밤새 서리를 가득 담은
마른 엉겅퀴
늦잠 자고 일어나는 햇살을 안아준다

길바닥에 눌어붙은
붕어 비늘 안개
간밤 시간을 걸어 내는 길

방언

서산 간월도 특품 굴로 만들어져
진상품으로 썼다는 어리어리
충청도 어리굴젓
새벽 배송차 타고 어디든 달려가유

AI가 곁에 있는데도
어리가 무슨 뜻이냐며
엄마에게 묻는 다 큰 아들 땜시
궁금하지 않았던 어리가 보고싶다

AI에게 가는 길을 모르는 나는
오래 전에 길을 걸었던
인터넷을 어리어리 찾아가 문을 두드린다

자고 있던 인터넷이 정신 차리고 하는 말

소금을 약간 뿌려 조금 절였다고 얼간,
어리
고춧가루를 사용해 맵고 아려,
어리

소금에 절여지고 고춧가루 끌어안은 굴
이 밥술 저 밥술 위에서 어리어리가 되것쥬

고향을 소집하다

한 선배가 중학교를 졸업하고 공단으로 취업해서 나갔습니다
동네 후배들을 하나둘 불러 그곳에 터를 마련했습니다

깊숙하게 뿌리를 내린 그 터는
눈꽃이 필 때가 되면 여기저기 흩어져 사는 함께 살던 선후배들을 불러 모읍니다

논두렁에서 물뱀 만난 이야기가 산토끼 몰던 그해 겨울이 수박 서리하다 머리통 깨진 눈물도 무당집 떡 훔치던 무용담과 아랫집 여동생 골려 먹던 그날까지 소집령을 받고 분주합니다

국민학교를 마치고 방직공장에 다니던 큰 누나가 사온 스케이트는 가지가 성한 뿌리에 뿌릴 거름 한 줌 챙겨 가벼운 걸음을 광역 버스에 싣고 달려갑니다

날이 반짝이던 스케이트는 동네에 처음 들어온 신문물이었습니다

동네에서 가장 빛났던 공군 중령 선배는 소집대상에서 빠졌습니다

울퉁불퉁

반듯한 아스팔트 길
노인정 점심 먹으러 가는 길 안내하는
나는 보행보조기 실버카

길 접령했다고 튼튼한 바퀴 달고 달리는
차들이 투더투덜이다

나도 안다

니들도 울퉁거리는 찻길을 넘어 봤잖니

자전거길을 전국으로 깔아 주었듯이
트랙터 경운기등 농기계 다니는 길을
찻길 옆에 번듯하고
도심의 인도를 반짝이게 수 놓았듯이
시골
내가 다니는 길도 반듯반듯 깔아 다오

기우뚱
나의 작은 바퀴 고개 쳐든 블록에 걸리고
기우뚱
나를 운전하는 어줍은 몸 싣고 가는 신발 잡는 블록 틈새

사람 신발에 흙 붙지 말라고 만든 블록이
벌떡벌떡 일어나는 노인보호구간 옆 보도

시간 여행

시에 관한 책 한 권 사러 갔었어

내 말을 알아듣지 못하면서도
제일 먼저 나를 맞아 주는 서점 출석부
컴퓨터

내가 찾는 책 이름을 써 주었지

아직 출석을 하지 않았을까
아님, 결석일까
그런 이름 없다고 눈을 껌뻑이네

나도 눈을 껌뻑이며 등을 돌렸어

책들의 이름을 간간히 불러 주며 돌아 나오다
문득
강렬하게 눈 맞춤을 보내는 책 한 권이 있었어
김형석을 가슴에 안은

「백 년의 지혜」

텔레비전에서 가끔 봐 왔던
늙은 교수의 이야기에 박수를 보낸 기억으로
백오 년을 살아가는
노인의 이야기를 품에 안았어

구십 년의 시간을 만나고 있는 엄마의 깊음을
팔십 년을 지내시는 이모님의 말씀 속을
돌아가신 어머님이 들려주신 이야기 밖을
순례하듯 돌아 내는 시간 속에
백 년의 시간도 돌아보고 싶었나 봐

텃밭

맨발로 슬리퍼를 끌고 집 밖을 몇 걸음 걸으니 발가락이 시리다 아직 봄이 도착하지 않았나보다 알렉스라는 이름을 받은 개가 싸 놓은 개똥이 뒹굴거리는 옆을 몇 걸음 지나면 겨울을 난 쪽파가 잎을 세우고 그 아래로 냉이가 한창이다 여름이면 잘 펴진 계란 닮은 꽃을 피울 개망초도 잎을 넓히고 있다 꽃대를 먼저 키우는 머위는 아직 꾸물거리고 햇살 바른 둔덕에는 쑥이 머리를 디밀며 채우고 있다

고향을 멀리 둔 진숙이가 친구 생각에 곤한 가슴을 끌어 않는다 마음 붙이기 쉽지 않았을 이곳에 언제부터인가 마음 텃밭을 준비한다 그동안은 고향으로 뻗치는 미련으로 마음을 내려놓지 않았었다고 했다 이제는 갈까 말까 궁리 속에 가까운 곳에 밭을 빌렸고 월세로 할 것인지 전세로 할 것인지도 갈등 중이라며 부담스러운 대출은 안 한단다 아마도 빼기 쉬운 월세로 하려나 보다

진숙이의 마음 두둑 높은 곳에 오이가 열리고 토마토가 익어가고 주렁거리게 고추도 달리고 약효 좋은 여주랑 달덩이 같은 호박이 그득하게 채워지면 좋겠다

집 앞에 푸성귀가 푸짐하게 잎을 올리고 고추가 주렁거리며 참외가 해바라기 할 때면 뒷마당 돌 식탁에 오이 토마토 여주 호박을 다 불러 모아 주어야겠다 모깃불을 놓아 모기 소풍 보낸 날 얼음 가득 채운 들통에 소주, 맥주병 세워 놓고 개구리에게 노래도 청해봐야겠다 월세도 좋고 전세면 더 좋겠다

오래된 창고

사사로운 생각을 쟁여 두고
오랫동안 열지 않은 곳이다

볼 일이 생겨 들어가려 했더니
문을 굳게 잠그고 꿈쩍을 않는다
으르고 달래며 조심스레 한참 동안 문고리를 흔든다
온 힘을 다한 지극한 손길에 닫혔던 문이 슬그머니 열렸다

이곳저곳 둘러보며
거미줄도 제거하고 곰팡이도 닦아낸다

오랜 시간 닫혀있어 눅눅하고 어두워진 곳
창문 다시 열어
햇빛 들이고 바람 놀러 오게 하나
새 곳간을 들여야 하나
이런저런 궁리 저편

눈만 껌뻑이는 오래된 노트북

성 효 순

한국문인협회 포천시지회 포천문예대학 수료.

성효순

강아지풀

귀뚜라미

동치미 만들기

뿡 브라

벚꽃 아래 고양이

두더지 게임

밖으로 나왔어

신 족보

깊이울 가을숲

전봇대의 외침

다락방에 라일락꽃이 활짝 피어

소문

이른 봄 서리맞은 호박에게

엑스레이

피땅콩

강아지풀

킁킁거리는 개는 피비린내가 났던 모양이다
떠나지 못하고 주변을 기웃거린다

하늘거렸던 자유는 거대한 칼날에 쓱쓱 베어진다
잘 가꾸어진 정원에 열을 맞춘 잔디밭에서는 잡초

누군가 명령한 듯
모두 단정하게 옷깃을 여미고 앉는다
머리가 없다
따라서 말도 없다

밤보다 더 검은 풀들이 그림자를 만들자
흔들림 없는 자세로 고요에 들어간다
오싹한 숨소리를 만드는 적막

여름밤은 골짜기의 바람을 끌어와 가을을 부르는데
다시 한번 돋아 날 수 있을까

베인 풀의 냄새는 향기였을까

귀뚜라미

노크 없이 빛이 들어온다

숨을 멈추고

다 껍데기뿐이라고 가벼이 봐 주고 지나치길

사흘이 지나도 멈추질 않는 울음

무릎을 둥글게 모으고 고개를 떨군다
가슴 깊이 파인 크레바스를 따라가다 보면
어둠은 익숙해져 조명이 필요하지 않다

날개가 부딪혀 만든 소리는
울림이었을까

동치미 만들기

속이 뻥 뚫리는 천연 소화제 동치미 만들기입니다

속이 꽉 찬 철이 든 무는
하나둘셋 둘둘셋넷
손가락 세 마디 크기로 잘라주세요
통에 담고 소금을 한주먹 치면
툴툴거리며 힘을 뺄 겁니다

힘을 뺐으니 기운을 한번 불어 넣어 볼까요
믹서기에 배 하나 양파 하나 툭툭 썰어 넣고
마늘 열 알 생강 한 알 무심한 듯 집어넣고는
찬밥 반 공기에 찬물 500ml를 넣고 함께 갈아 주세요
빨강 청양고추 다섯 개 총총 썰고
쪽파 한 줌 숭숭 썰어 털어 넣으면서
이때 엉덩이를 가볍게 흔들어요
리듬 양념을 타요

혼이 녹아내린 채수에 물 1리터를 부어
채에 살살 걸러 주고
손바닥으로 꾹꾹 눌러 생각 빠진 껍데기만 남을 때까
지 짜주고는
마지막으로 소금으로 간해서 덮어둡니다

청량감 넘치는 기포가 뽀글뽀글

아침이슬 맞으며 태양의 단 기운을 받아
맵고 단단한 몸을 완성하기까지는 3개월
자신을 내려놓고 그들에게 물들어가서
새 맛 내는 시간은 하루 반나절

하나를 빼니 두 개가 더해졌습니다

뽕 브라

콧대를 세워보고 위풍당당 걸어 다녔거든요
여기저기에서 피노키오 코들이 경쟁하듯 달려드는 통에
내 코가 부러졌지 뭐예요

고개를 숙이고 걸어가고 있는데
가슴이 없어진 거예요
쓸어내려도 보고 토닥거려도 보고
민짜에 구멍까지 생기니 보기가 영

어깨를 동글게 말고 가다
마네킹에 걸려 있는 봉긋한 브래지어가 보였어요

저거 주세요
내려다보면 아래는 안 보이는 봉긋한 가슴

뽕을 넣은 뻥 브라라구요?

그러면 어때요 엣지있게 걸어갈 거예요
누군가 툭 쳐도 말랑말랑 스펀지 뿅
신축성 좋은 성격은 주눅 들지 않을 걸요

스웩 넘치는 걸음을 걸어요

허세라니요

벚꽃 아래 고양이

비로소 옥죄던 무거운 옷들을 하나씩 벗고 앉았을 때

쓰레기통을 기웃거리는던 네가
꼬리를 휘감고 가로등 아래 불빛을 한 참 쳐다보다
우린 눈이 마주쳤어

창을 사이에 두고 서로를 그려
누드화를 그리는 듯
네가 내 섬모를 그리고 있을 때 떨어지는 꽃잎을 보며 나비라고 생각했고
은밀한 것까지 보여주는 나나 드로잉하는 너나
꽃잎이든 나비이든 상관이 없다는 무심한 시선은

실크스카프를 두른 바람은 나에게까지 오지 않아
투명함은 보이기만 할 뿐
더듬어도 느껴지지 않지 유리창

빗방울이 나비들 위에 떨어지기 시작해
도도한 고양이 너도 젖기 시작해

늦은 밤 가로등 아래서
불 꺼진 방에서
가득한 곳에서 아득한 곳으로 가고 있는 꽃은
비가 되어 내리는데

창에 비친 그림자는 젖어 있네
우아한 고양이 너처럼

두더지 게임

두더지 게임을 시작해요
뿅망치는 아프지 않아

이 구멍 저 구멍 튀어나와 봐요
한 대씩 맞아 주면 되는 간단한 일
아야 그 소리
거짓말인 걸요 귀담아듣지 말아요
제발 한 대씩만요
점수가 올라가는 걸 도와주세요

잠든 척
죽은 척하지 말아요 목젖에서 욕망이 꿈틀대는 거 봤어요

가슴을 파헤치는 단단한 발톱 말고

칼을 들고 나와요
한 번에 끝내는 거 어때요

그냥 머리를 대어 보세요
뿅 망치는 아프지 않아
눈 질끔 잠깐 쫄고 말아요 우리

밖으로 나왔어

열두 개의 선과 여섯 개의 면으로 만들어진 생각은
마주보는 그 길이는 같아야 하고
면은 포개져야
만들어진 부피는
입구만 있는 정육면체
홀로 박히어
열쇠는 내 손안에
열지 않으면 열려지지 않는

보는 눈이 많아 암막 커튼을 쳐 나도 볼 수 없게
각진 경계는 각각 소리들로 찔러 들어와
샌드위치 패널 벽과 벽 사이
얄팍한 절대 값들의 압축 된 세상 허물어 지지 않아
틀어박히기 좋은 틀을 만들어
지휘자 없는 음악회를 열어
슬픔으로 가득 찬 깊은 바다는 그림자가 없어

허기진 배를 움켜잡고 앉아 있는 실루엣은 너의 자화상
아메리카노에 비춰진 낯선 얼굴이 나를 봐

그들사이 스며들어가야해 녹아서
거부당할 수 없는 형체를 만들어
생각을 리셋 시켜
설명서 없는 삶을 조립 해

사과에 곰팡이가 피었어 모두 버려야 해
천천히 가 고양이들이 지나가잖아
전원 꺼진 핸드폰 말이 없어
딴청 피워 능청스럽게

태풍 부는 밤 댐의 수문을 열어줘
틀을 부숴줘
거절을 거부해

시폰 원피스가 하늘거려
머리카락을 간지럽히는 바람이 불어

신 족보

맞벌이하는 부부는 나를 데려와서 식탁 앞에 자리를 마련해 줍니다

갓 젖 뗀 나는 보호만 필요로 하는 그들의 우리 아기 아가가 되었습니다

턱받이를 해 주고 귀여워 뭐 줄까 우리 아기 아이구 잘 먹네 아유 예뻐라 연신 추켜세워 줍니다

참치 한 입 호로록하면
벌떡 일어나 박수쳐주며 또 주고 자꾸만 줍니다
소고기 너덧 점 날름했더니
탄성을 지르며 또 놓아주는데 투 플러스 한우가 어찌나 부담스럽던지요
이유식은 부드러우며 간이 없이 시작해야 한다는데
그냥 혀 한번 지나가면 깨끗해지는 나의 먹성을 보고
마냥 즐거워 허허허 웃는 모습에 나는 잠시 갸우뚱합니다

벽에는 나와 달리 생긴 안경 낀 남자아이와 긴 생머리의 안경 낀 여자아이 사진이 걸려 있습니다

넷은 닮은 듯 다른 듯 묘하게 비슷한 모양새를 하고 있습니다

바빠서 집에 거의 못 온다고 하는데

나의 형과 누나라고 하는 그들과 나는 어디가 닮은걸까요

모두 복슬복슬한 털은 없고 나에게는 안경도 없는데

곧 형과 누나가 온다고 합니다 막냇동생 환영 파티를 위해서

가족사진을 새롭게 찍어야 한다며

나에게도 알 없는 안경테를 맞춰줘야 하나 진지하게 의논합니다

새 족보를 만든다고 하는데

내 이름은 박 푸들, 박 강아지, 막내 등등 이름 하나 곧 생기겠습니다

깊이울 가을숲

나뭇가지에 매달린 나비 한 마리
뱅그르 뱅그르 날갯짓만 하다 떨어지고

어두워져 가는 숲의 시간을 타고 흐르는 나지막한 물소리
가득했던 한여름 웃음이 내려앉은 숲은
발효되는 시간으로 가득 차

새들의 지저귐은 산사의 풍경소리를 깊게 끌어당기고
눈을 감으면 부드러운 소리 들려

단풍으로 물들 것 같던 하늘
어느새 누눅해져 가을비를 불러와
돌 틈 사이 아직 남은 꽃은
입을 다문 빛나는 초록으로

이끼 위에 쌓인 갈참나무 잎사귀와 솔잎 사이
생각은 켜켜이 쌓이고
조금 전 밟고 온 나뭇잎에 발자국은 흔적을 남기지 않아

비움은 숲도 바람도 알아차려

전봇대의 외침

몸이 15° 기울었습니다

원인을 알 수 없으면 내려지는 진단명은 신경성
숨이 가쁩니다
침착하고자 호흡을 가다듬고 눈을 감아보지만
맥박이 뛰고 심장이 엇박자를 냅니다
손은 땀이 차 자꾸 미끄러지고

나보다 서너 배는 클 느티나무를 불러 봅니다
그 방향으로 기울기라도 했더라면 기대어 볼 텐데

숨이 차오르고 다시 심장이 쿵쿵 뜁니다

1° 1° 기울어져 가다가요
누워버리면요

다락방에 라일락꽃이 활짝 피어

다락방 구석에서 훌쩍이고 있으면
라일락 라일락 꽃향기 풍기며 끌어안았지
낡아 버렸네
대책 없이 커버린 생각들이 라일락에게 속삭여

라일락 잎사귀를 빻아 젖에 바르면 뗄 수 있다고
입이 쓴 나는 울며 파고들었겠지 라일락 라일락 꽃향
나는 젖무덤에
네 살까지 젖을 물어야 잠이 들었다는데
쉰이 넘어버린 지금도 떼지 못했어 라일락

이상한 꿈을 꾸어
라일락 피는 오월이면
집을 나가고 들어오려 하지 않아

주소가 없어 전화번호는 수신 불가래
겨우 찾아내면
라일락 뿌리는 자꾸 땅속으로 파고들고 향기는 주지
않아

투명한 막에 가려져 보이기만 하고 잡히지 않네 라일락
물컹물컹 터트려 봐 물풍선
쥐락펴락 계절은 가고 있는데
아이는 울고 있는데

라일락 라일락 나일 라
엄마라고 엄마라고 오월이면 들리는

다락방에 다시 라일락꽃이 활짝 피었으면 좋겠어

소문

방언이 늘기 시작하면서 깊어지기 시작한 오해라고 하는데
아무리 설명해도 다른 말로 들리는 걸

돌고 돌아온 말은
지진으로 갈라진 틈의 언어처럼 무기력하게 덮쳐 와
자연이 주는 피해라며 자연스럽게 받아들이라고 하지만

이스트를 넣고 잔뜩 부풀린 빵을 우적우적 씹어
무교병을 만들려다 실수했다고 말해줬더라면
단맛을 기대했던 혀가 막대 사탕을 찾아
이리저리 굴리며 와그작
깨어 부숴 먹을까 스스로 녹게 내버려둘까 고민하다 그만

발이 달렸어 고삐 풀린 망아지처럼 뛰어다녀 발정 난 암캐 뒤를 킁킁거리는 수캐들처럼 모여드네 버드나무 씨앗처럼 가볍게 날더니 아무 곳에 누워 아기를 낳아
또 내 귀속까지

ㅏ와 ㅓ가 같다는 나라는
이상한 나라의 앨리스가 사는 곳

주렁주렁 달리다
풍선처럼 날다 뻥 터지네

경계는 경계심을 잃었나 봐

이른 봄 서리맞은 호박에게

내 나이 불혹이 지나가고 막
뿌리혹박테리아라도 걸린 듯
불안은 달려

여전히 갈팡질팡하다
한판 굿을 벌였지
무당이 앉혀놓고 온갖 슬픔과 설움을 끌어 펼쳐놓네
부모복도 없어 형제복도 없어 서방복도 없어 외로운 인생이야
서슬 퍼런 작두 위에 춤을 추며
나도 춤추며 내게 들어온 신은
소름 돋는 점을 나도 쳐보라 했어

엄마는 왜 자꾸 남의 제삿밥을 얻어먹으러 다니실까
이생도 극락도 속하지 못한 서러운 세계

모든 관속의 물들은 눈으로 모여들었지

거액의 돈이 한 뭉치 날아간 후에야
된서리 한 방 맞았구나

투명한 집 위에 하얀 이불을 덮어주고 기다리며
작은 열매를 달고 노란 꽃을 피운 너를 바라보면서
웃어도 주고 얼러도 주곤 했는데
너도 나도 그럴 줄 몰랐지

이른 봄 이렇게 한 방 맞을 줄이야

엑스레이

치과에서 보낸 스물여덟 개의 이력서

흑과 백으로만 이루어진 컬러가 보여주듯

경력은 내세울 것이 없습니다

단단한 걸 씹기 좋아하는 내력은 닳아서
신경을 많이 건드렸고
건들지 말아야 할 것을 건드렸기에 갈아 버리는 일은 종종 있는 일
더 이상 손 쓸 수 없는 지경에 이르렀을 때는
왕관을 씌워 주어 표석을 해 줍니다

네 개의 기둥이 흔들립니다 날카롭다고 지적받았지만
둥글어지는 유연함을 모르지 않다는 것을
말하면 변명 같아

솟아오르는 욕망이 일 때마다
뚫고 밀어내야 하는 경쟁을 이기지 못해
통증으로 표현하는 사랑니는
아직도 매복 중
맹출하지 못한 사랑은 메스를 대야 합니다

점점 흐트러지는 옷매무시를 하는 잇몸이 힘을 뺄 때
시리고 아픈 가을이 왔습니다

사랑이 네 개나 빠져나가고
6살 12살에 태어나 질근질근 씹던 이력나는 이력들은
하나둘 사라지더니
초보경력 티타늄 기둥은 불완전하게 지탱하지만

파노라마 흑백 사진 한 장에 담긴 삶은
닳고 흐릿한 약력만 남았습니다

피땅콩

겉은 닮았으나 속은 알 수 없는 일란성 쌍둥이들이 태반

빼 없는 집들을 지어댄다

누르면 가벼워 부서지는 뻥 과자 집
무릎 한번 펼 수 없는 방은 등을 돌려 속내를 감추기 좋은
납작해졌다는 것은 눌림의 증거
돌아누울 수 있는 날은 속이 덜 채워졌다는 말

비비면 껍질이 까여 그대로 드러난 살들
물에 삶아진 날은
기름기 빠진 삶을 담백하게 씹어대다가
프라이팬에 볶이기라도 하면 피 터지게 싸운 날

살을 맞댄다는 건 어우러진다는 것
어우러진다는 것은 응어리를 만드는 것
풀리지 않는 수학 문제집을 쌓아 놓고
잃어버린 답지를 찾다 포기한 날들처럼

지푸라기 같은 탯줄에 매달린 우린
피로 엉기어져 피로 둘러싸인 가족
누르면 바사삭 부수어질

이 우 창

한국문인협회 포천시지회 포천문예대학 수료.

이 우 창

졸음이 오는 쉼터

비인터널을 직선으로
임시번호판을 업은 카캐리어탁송차
제한속도의 뚜껑을 열어

이차로 달려
일차로 더 빨리 달려

눈꺼풀을 들춰낸 새벽
한 번 흔들려
두 번 흔들어
끄덕, 끄덕이는 졸음

입에 차선을 가득 물고 있는 졸음쉼터

땅 짚고 있는 철판지붕 아래 순간을 흘리며 말뚝잠으로

늘 초조하게 서서 기다리는 간이화장실
등받이 없이 앉아 있는 나무 의자
등결잠이 오는
쉼터

몰려오는 피로는 곡선으로 떨어져

포장 배달

지나갑니다 미단이를 지나갑니다

홀딩도어 사이로 입술이 지나갑니다
빠른 입놀림 재빠른 손놀림
식을 틈 없이 녹기 전에 지나갑니다

빨리 지나갑니다

화강암 경계석에 나란히 앉아 밤을 새운 당신을 지나갑니다 길거리 변압기에 올라앉아 머리에 빨대를 꽂은 당신을 지나갑니다
편의점 테라스에 걸터앉아 졸음을 흘린 당신을 지나갑니다 불 꺼진 창가 틈에 비비고 앉아 반쯤 누운 당신을 지나갑니다

점자 보도블록 위에 주저앉아 몸을 비운 당신을 지나갑니다

더 빨리
지나갑니다

또다시 여닫이를 지나갑니다

식구

마른버짐 핀 밥숟가락으로 덜어주는
밥그릇의 머리가 고개를 숙이는
김칫국물 밴 나무젓가락으로 남겨주는
찬그릇의 가슴이 일렁이는

한 그릇의 배고픔
나누는
사이입니까

쓰면 쓸수록 찌그러지는 양은그릇 먹어도 먹어도 배고픈 오지그릇 빙빙 돌아 올라가 쌓고 쌓아 금 가고 이 빠진 사기그릇 아끼다 아끼다 속이 깨진 유리그릇

빈 그릇의 허기
등살 바른 가슴팍에
비비는 사이입니까

까닭이 살아서

입 끝에서 옮기던 말이 떨어져 닳고 닳아서 모서리가 없다

마당에서 자란 까닭이 물었어

왕겨가 저녁 땟거리인 것을 점심이 한참 지난 뒤에 아궁이는 알았어 구들장이 부뚜막의 얼굴을 닦아주는 행주의 손길을 기다렸어 굴뚝이 연기가 빠져나가지 못해 변비증을 앓아

돌담장이 낮잠에 취해 뒤곁 그늘 사이로 쓰러졌어 몽돌이 둥글게 키운 우물이 마르자 구완와사가 왔어 섬돌이 신발을 깨우려 일찍 일어났으나 신발은 집에 없어 조약돌이 천장 여기저기 굴러다니다 서로 부딪혀 머리통이 깨졌어 검정 바둑돌이 갈 길을 얻어먹었으나 목에 걸린 가시처럼 먼 길이 박혀있어

돌부리는 기둥을 받치고 있는 주춧돌이 흐느끼는 것을 보았어

쓰담쓰담하는 바람이 거미줄 그네 타는 먼지랑 빈집에 살아

흔들림이

오자미의 박 터지는 흔들림에 옆구리가 벌어지는 박의 흔들림

외발의 장대를 움켜지고 긴 혓바닥으로 땅바닥을 핥는다

검푸른 하늘을 떠받치는 몽골천막의 네 다리

흔들림의 징검다리를 하나하나 건너온다

등받이 의자의 네 다리마다 꼬리를 밟힌 흔들림

안간힘을 다해 몸부림치는 접이식 탁자의 네 다리

한평생 밑바닥의 흔들림에 짓눌린

플라스틱 접시 위로 흔들림을 끌어당긴 지 오래다

짠맛을 게워낸 새우젓이 삶은 돼지고기를

김치냉장고의 손길에 푹 찌든 김치가 삭인 홍어를

콕, 끄집어낸다

흔들림의 짝을 찾아 나선 젓가락들

넘어지면 지면 걸까 불안한 종이컵들

돌김이 흔들림에 올라타 이리저리 날아다닌다 과일인 양 빨간 멋을 낸 방울토마토가 흔들림을 유혹한다 녹말 이쑤개는 소리 없이 오목가슴을 찌른다

몸을 불린 흔들림이 목구멍으로 쏟아진다

박이 토해낸 흔들림의 또 다른 한쪽 편
배꼽 아래로부터 올라와 허파를 한 바퀴 돈 그날의 호각소리
끝자락을 붙잡아 서서히 뛰기 시작한다

뭇

케이지 닭장 바닥 위로 구르는 아기 공장 각각의 이력들이
뼈 배냇저고리 입은 단백질 덩어리를 묶는다

어둠의 실로 입을 꿰맨 지 오래여서 울음을 삭힌 달걀
단단한 두려움으로 손발을 묶어 종이 요람에 눕힌다
투명 망토를 두른 눈동자는 이마에 각을 뜬다

다시 한 번 십자로 온몸을 결박한다

한 판이다

들숨이 공기주머니에서 미어터지듯이 한 판 더 올라가면
들 수도 없고 묶이지도 않아
뒤가 다르고 속이 다른 어깃장을 놓는다

삶아
먹어
날로 다 먹어
좋아 좋아

흔들리고 흔들려서 금가고 부딪히고 부딪쳐서 깨지는 순간
뭇 날숨이 허공에서 지글지글 유증기처럼 하늘거린다

두부 한 모는

둥근 꼴 살갗 아래
실핏줄이 터진 속살

감은 지 오래되어 눈이 떠지지 않아,
잘린 귀는 소리가 엇나가 희미해져,
코는 베어내어 향내를 맡을 수 없어,
입은 닫고 열지 않아 신음마저 녹아,

여섯 면으로 굳어나온 각
모서리의 손을 서로 움켜잡고서

언제 자를지.
누가 잘릴지.

참참이
된장이 풀어진 뚝배기 탕에 들어가 저녁이 오기를 기다리기도,
콩기름에 온몸을 지지는 콩고기를 바라보기도,

모의 엉킴이 틀니 낀 허기를 자디잘게 으깬다

바라만

큰길이 바삐 오가는 발걸음을 배불리 먹고
트림을 할 때마다 개 짖는 소리가 달려와
발자국을 물었다

등줄기가 갈기갈기 찢어지고
햇볕이 얼굴에서 톱니처럼
부서졌다

점자 보도블록의 어깨 위를 걷는
씨앗의 심장이 겨우내 문드러진
염화칼슘의 하얀 틈바구니에서
일어서는
꽃바람을 만났다

꽃 핀 햇살 창문으로
날개의 털이 돋아나는
사이사이

아스팔트 바닥과 시멘트 담장이
엇나가는 직각의
기울어진 틈새

민들레가
흠집에 산다

오월

철대문의 사자머리 손잡이를 움켜쥔
등 가방으로 잠자던 집을 깨운 검정 운동화

하품의 눈을 비비는
흰 고무신을 품은 섬돌

허리를 펴고 구멍 난 울타리를 살피는
봉당의 가슴을 쓸어내린 몽당빗자루

그늘을 덮고 잠자던 햇빛 발자국이
흩어져
어디로 갔을까

개울가에서 망을 보던 물오리나무는 가래 끓는 소리를 멈추지 않고
방울 소리가 나는 듯한 이파리들이 햇볕 그네를 타네

물비늘을 가득 먹은 구들장 같은 빨래판 돌
해그늘의 딸꾹질에 놀라 쌓인 손가락을 서로 감추며
서둘러서 몸을 말린다

시간의 돌부리에 차인 바람의 그림자가 일어설 듯
오월이 꿈틀거려

울립니다

엘리베이터 없는 은하아파트
나란히 나란히
마흔 살 먹은 쌍둥이입니다

아파트 몸뚱이를 머리에 인 은행나무 지붕 아래
슬레이트 처마에 등을 바짝 기대고 서 있는 연탄이
천막 비닐을 뒤집어쓴 채 서리의 잔털을 고릅니다

시멘트벽에 숨구멍을 뚫고 얼굴을 내민 연통
은행나무 어깨를 짚은 겨울바람의 손을
구공탄이 호호거립니다

모서리와 싸워 토라진 쪽방 문틈 사이로
사랑의 김장 김치가 켜켜이 쌓인
스물다섯 살의 김치냉장고
시간의 무게를 삭히는 숨소리가 들려옵니다

말린 여름이 들러붙은 방충문
추워서 졸음이 왔나 졸음이 와서 더 시린가
거미줄 같은 하품으로 눈물이 찔금
초인종의 누름단추가 턱을 떨굽니다

날개 풀린 행복도시락의 입김이
오층 계단을 오르락내리락
네발 지팡이의 문 여닫는 소리가
이가 틀어진 복도 창으로 빠져 나와
허공의 고막을 누릅니다

신고 가세

신발가게 신고가세를 지나갑니다

신데렐라 유리구두가 쌓여 있습니다

지네 같은 발을 가진 주인이 갈아신었나 봅니다

서성이는 발이 찌든 플라스틱 혼을 신고 왔습니다

주인을 만날 때 발이 눈을 뜹니다

맞고 안 맞고
발이 결정한다는 믿음의 신을 신고 옵니다

신
고
가
세

손잡이에 목이 매달린 채 안내문이 고개를 숙이고 발이 땅끝에 닿았습니다

신발가게는 사정이 있어 당분간 문을 닫습니다

등등

업는다거나 배나무이거나
가렵다거나 옻나무이거나
굽는다거나 참나무이거나

저거나 이거나

울음 터뜨리거나 눈 부라리거나 귀 쫑긋하거나
물 뿌리거나 잡초 뽑거나 벌레 잡거나

그러거나 말거나

백설탕이거나 맛소금이거나 조미료이거나
들기름이거나 참기름이거나 콩기름이거나

없거나 있거나

앞길이거나 뒷길이거나 안길이거나
휘거나 꼬이거나 비뚤어지거나

살리거나 죽이거나

포시럽 제4집

즐거운 착각

초판발행일 2025년 5월 31일

지은이 : 이근영 최종녀 허 훈 손진홍 성효순 이우창
발행인 : 김순진
편집장 : 전하라
디자인 : 김초롱
펴낸곳 : 문학공원
등 록 : 2004년 3월 9일 제6-706호
주 소 : 우편번호 03382 서울 은평구 통일로 633
녹번오피스텔 501호 스토리문학사
전 화 : 02-2234-1666
팩 스 : 02-2236-1666
홈페이지 : https://blog.naver.com/ksj5562
이메일 : 4615562@hanmail.net

※ 책값은 뒤표지에 있습니다.

※ 이 책이 나오기까지 신읍동도시재생주민협의체, 신읍동마을관리사회적협동조합의 '창작공간' 협조를 통해 이루어졌습니다.